Liturgia del Grado de Maestro

DEDICATORIA

Esta liturgia está dedicada para quienes la mas.∙. es un modo de ver la vida que va más allá de los dogmas y prejuicios de la sociedad en general. Es un remanso en el que seres humanos de bien pueden luchar por el perfeccionamiento de sí mismos, sin el temor de ser juzgados por el simple hecho de pulirse desde el interior para así tener el poder de transformar su propio entorno.

Este es un esfuerzo realizado con el propósito de dar testimonio que la mas.∙. se encuentra viva y pujante en una sociedad que aun hoy insiste en crear autómatas incapaces de pensar por si mismos.

Liturgia del Grado de Maestro

Liturgia del Grado de Maestro

Contenido

PRINCIPIO DE LOS TRABAJOS 1

DECORACIÓN DE LA CÁMARA DEL MEDIO 2

PRELIMINARES DE LA INICIACIÓN 4

APERTURA DE LA CÁMARA DEL MEDIO 4

INICIACIÓN 7

CATECISMO DEL MAESTRO 38

CLAUSURA DE LOS TRABAJOS 43

RECONOCIMIENTOS

Este documento no puede ir dedicado a una persona en particular, pues es el resultado del esfuerzo de miles de Hh.∴ que no solamente dieron a lo largo de muchas décadas su conocimiento, que dio como resultado que el R.∴ E.∴ A.∴ y A.∴ continue vivo no solamente en libros y liturgias sino dentro de los corazones de todos los Hh.∴ en la faz de la tierra.

Liturgia del Grado de Maestro

PRINCIPIO DE LOS TRABAJOS

Abierta la logia en el Grado de Aprendiz y en lugar a propósito, se sanciona la plancha de Arquitectura de la sesión anterior y se despacha lo más urgente; después se anuncia la suspensión de los trabajos del primer grado, por un solo golpe, y así lo da, dice el

V∴M∴ .- Los trabajos de aprendiz están suspensos.

¡Cúbrase el templo!

Los aprendices se retiran, y el Muy Venerable Maestro hace anunciar la apertura de la Segunda Cámara Simbólica, por los golpes y signos misteriosos y después que los ha declarado abiertos, se lee y sanciona la Plancha de la sesión precedente; en seguida se recibe a los visitadores de grados superiores al 2° y se advierte que se van a suspender por un golpe de mallete, los trabajos de Compañero.

M∴V∴M∴ .- ¡Los trabajos de Compañero están suspensos! (Da un golpe de mall∴ **X**).

Todos se levantan y se dirigen a la que se halla preparada así:

DECORACIÓN DE LA CÁMARA DEL MEDIO

Todos los HH∴ Deben vestir de negro u oscuro, con sombrero o birrete.

Cortinaje negro con lagrimas blancas, calaveras y huesos en aspas, por grupos de tres , cinco y nueve. Arriba del asiento del H∴ Seg∴ Vig∴ Habrá un esqueleto pintado y armado de una regla y sobre su mesa un rollo de papel negro grueso, de unos cuarenta centímetros de largo y veinte de circunferencia, que le sirve de mazo, y una linterna cubierta enteramente de pantalla negra, con un letrero transparente: "Enseña al ignorante". Arriba del asiento del H∴ Prim∴ Vig∴ Otro esqueleto armado de una esc∴; en la mesa un rollo igual al del Seg∴ Vig∴, una linterna también cubierta con pantalla negra y un letrero transparente: "Desenmascara al hipócrita". Arriba del trono de oriente, otro esqueleto armado de un martillo; en la mesa un mazo de lana o goma elástica, una escuadra de albañil y otra linterna cubierta como las anteriores, en la que se lee: "Abate al ambicioso". Encima de ella una calavera, en el fondo del solio, el símbolo del grado, dispuesto en un transparente, que se descubrirá al iluminarse la cámara en cierto punto de la iniciación pues la llegar a ella no habrá más luz que la den las tres linternas, a través de los letreros transparentes aunque todo se dispondrá para que quede de pronto alumbrada la Logia con profusión.

Al Norte estará el "Cuadro del Templo" que sirvió en el grado de Compañero, y se descubrirá con una cortina que se corre en un punto determinado de la iniciación; dos estrellas le alumbrarán entonces.

El Altar de los Juramentos estará cubierto de negro, y sobre él la Carta Patente o la Dispensa a favor de la logia y arriba la Biblia abierta, el compás y la escuadra, colocando las dos puntas de aquél sobre las ramas de ésta y además la espada, una cuchara de albañil y bandas y mandiles del grado, en número suficiente para los graduandos.

Cerca del Oriente y al Mediodía, estará un ataúd con un sudario y un mandil, cubierto con un paño negro, de modo que no se conozca lo que es; afuera en la cabecera del ataúd habrá una rama de acacia.

Colgada al alcance del Guard∴ Tem∴ Se colocará una campana.

El V∴M∴ se llama "Muy Respetable Maestro", los hh∴ Prim∴ Vig∴ Y Seg∴ Vig∴ "Muy Venerables Hermanos".

La insignia es una banda azul celeste y de aguas con ribetes encarnados y se bordan con hilo de oro, dos ramas de acacia y siete estrellas, en su parte anterior. Una roseta roja en el centro de lazo sostiene la alhaja, que consiste en una escuadra sobre la cual se cruza un compás abierto a 45° grados. Se lleva la banda de derecha a izquierda.

El mandil será de raso blanco, forrado y ribeteado de rojo, con el símbolo del grado, y e la solapa la escuadra y el compás, con las piernas abiertas de éste sobre las ramas de aquella.

La cámara estará bien perfumada con incienso.

PRELIMINARES DE LA INICIACIÓN

(Así que todos ocupan sus puestos en
la Cámara del Medio, da un golpe y dice el).

M∴R∴M∴ - ¡Muy – VV∴ HH∴ Prim∴ Y Seg∴ Vig∴ Servios pedir a todos los presentes la pal∴ del tercer grado!

En pie y al "orden", mirando a Or∴ VV∴ HH∴

Lo efectúan los HH∴ los VV∴ hacen el reconocimiento en la forma debida y vueltos a sus tronos, da un golpe y dice el

Seg∴ Vig∴ – Todos los que decoran mi Col∴ Son Maestros Masones, V∴ H∴ Prim∴ Vig∴!

Prim∴ Vig∴ - ¡Todos somos del grado, M∴R∴M∴!

El M∴R∴M∴ (X) da 1 golpe con el
mango de la cuchara y hace las siete preguntas
que dan principio a los trabajos del Maestro.

APERTURA DE LA CÁMARA DEL MEDIO

M∴R∴M∴ - ¿Muy V∴ H∴ Prim∴ Vig∴ sois Maestro?

Prim∴ Vig∴ – La acacia me es conocida.
M∴R∴M∴ - ¿Que es la inmortalidad M∴ V∴ H∴ Prim∴ Vig∴?

Prim∴ Vig∴ – El pensamiento elevándose a su idealidad y tomando posesión de su propia divinidad.

M∴R∴M∴ - ¿Por qué os rodeáis de cuadros

de la muerte para simbolizarla M.·. V.·. H.·. Seg.·. Vig.·.?

Seg.·. Vig.·. – Porque la del iniciador era el complemento necesario de la iniciación, según la ley palingenésica de los antiguos filósofos: "la vida se sostiene por la muerte", y nosotros representamos en el drama astronómico de Hiram la metempsicosis, en el sentido en que la tomaban aquellos sabios.

M.·.R.·.M.·. - ¿Cual es el secreto de la "Maestría", M.·. V.·. H.·. Prim.·. Vig.·.?

Prim.·. Vig.·. – Revelar el de la Creación al iniciado demostrándole que la materia y la inteligencia Suma, de la que nuestro pensamiento es un efluvio, son inmortales; y sí la primera cambia sin cesar de formas, lo que hace de la Creación el estado natural del Universo, el Pensamiento o la "Idea" en vez de transformarse como aquella, se fecunda y perfecciona más y más, propagada de una a otra generación, y, por consecuencia, morir por la idea no es morir, sino perder la forma para eternizarse en el Panteón de los Bienhechores de nuestro linaje.

M.·.R.·.M.·. - ¿A que hora acostumbran los Maestros Masones abrir sus trabajos, M.·. V.·. H.·. Seg: Vig.·.?

Seg.·. Vig.·. – Al medio día.

M.·.R.·.M.·. - ¿Que hora es, M. V.·. H.·. Prim.·. Vig.·.?

Prim.·. Vig.·. – Medio día en punto M.·.R.·.M.·.

M.·.R.·.M.·. – Servios pedir a los VV.·. HH.·. Que decoran vuestras respectivas ccol.·. , como yo lo hago a los de Or.·. se unan a Vosotros y a Mi para abrir la Cám.·. del Medio por los golpes y signos misteriosos.

Prim.·. Vig.·. – M.·. V.·. H.·. Seg.·. Vig.·. y VV.·. HH.·. de la Col.·. del Sur, nuestro M.·.R.·.M.·. os pide os unáis a él y a nosotros para abrir los trabajos de esta Cámara del Medio.

Seg.·. Vig.·. – VV.·. HH.·. de la columna del Norte, nuestro M.·.R.·.M.·. os pide os unáis a él y a nosotros para abrir los trabajos de esta Cámara del Medio.

Anunciado M.·. V.·. H.·. Prim.·. Vig.·. (X)

Prim.·. Vig.·. – Anunciado M.·.R.·.M.·. (X)

M.·.R::M.·. - ¡En p.·. y al o.·. VV.·. HH.·. ¡

> (Todos se levantan al "orden" del grado. El M.·.R::M.·. – da un golpe con el mango de la cuchara (X) e inmediatamente los repiten los HH.·. Vigilantes, (X), (X) después de un brevísimo intervalo da otro golpe el M.·.R::M.·. que repiten sucesivamente los HH.·. Vigilantes y, pasando un cortísimo tiempo como el anterior se repite lo mismo; de suerte que se dan nueve golpes por tres veces tres.)

M.·.R::M.·. – ¡Los trabajos de Maestro están abiertos! ¡A mí VV.·. HH.·.!

Sig.·. y Bat.·. Por tres veces tres, con "¡Houzzé!"

M.·.R::M.·. – Sentaos, VV.·. HH.·.

> ***(Lo hacen. Se anuncia, lee y sanciona la Plancha de Arquitectura de los últimos trabajos; se circula el saco de proposiciones; en seguida se envía al Maestro de Cer∴ por los candidatos; aquél atará en el brazo derecho del que ha de entrara en el ataúd, un triangulo de oro. En el intermedio se apagan todas las luces menos las tres linternas, que será las que alumbrarán la Cámara, con las del cuadro del templo en su oportunidad).

INICIACIÓN

El Maestro de Cer∴ hace que los Compañeros toquen en su gr∴ y, al oírle, dice el

G∴ T∴ – M∴ V∴ H∴ Seg∴ Vig∴ a las puertas de la cámara tocan de comp∴

Seg∴ Vig∴ – M∴ V∴ H∴ Prim∴ Vig∴ a las puertas de la cámara tocan de comp∴

Prim∴ Vig∴ – M∴V∴R∴ a las puertas de la cámara tocan de comp∴

M∴V∴R∴ – Preguntad quien viene a turbar nuestro dolor.

Prim∴ Vig∴ - ¿Quién viene a turbar nuestro dolor?

Seg∴ Vig∴ – V∴ H∴ G∴ T∴ Ved quien viene a turbar nuestro dolor.

> El G∴ T∴ Entreabre la puerta y no vuelve a cerrarla para que los graduandos oigan lo que sigue. Pregunta al abrir:

G∴ T∴ - ¿Quién viene a turbar nuestro dolor?

M∴ de Cer∴. – Es el M∴ de Cer∴ que trae a un H∴ (ó tantos hh∴) que pide(n) pasar de la escuadra al compás.

M∴R∴M∴. - ¿Como se atreve ese Comp∴ a esperar se le admita entre nosotros? ¿Ha concluido su tiempo? ¿Le es favorable el testimonio de sus Maestros?

Prim∴ Vig∴. – Sí M∴R∴M∴.

M∴R∴M∴. – Pues siendo así, dejadle entrar. ¡En p∴ y al o∴ VV∴ HH∴ (X)

> Todos los HH∴ Se ponen de pie. Sí hay música, tocará de un modo solemne y grave. El G∴ T∴ abre la puerta y da paso. El M∴ de C∴ se pone entre columnas con los candidatos, y saludan como compañeros. Así que cesa la música dirá el

M∴R::M∴. – Compañeros, concibo vuestra admiración al hallaros en este sitio donde todo respira tristeza y duelo. Creíais tal vez que al abrirse las puertas del Santuario, su lujo y esplendor deslumbrarían vuestras miradas; en lugar de ello os halláis en la estancia de la muerte, en la Cámara del Medio... ¡en la cámara del juicio!... Comparecéis hoy vivos, llenos de vigor, de salud y de esperanza. Un día vendrá, ¡y Dios quiera que sea lo más tarde posible! En que vuestro cuerpo inanimado recibirá aquí también los últimos honores.

Todos los Maestros os recomiendan por vuestra aplicación, inteligencia y constancia en el trabajo, y piden os recompensemos. Para ello vamos a juzgaros vivos, como os juzgaremos muertos. Tenéis que darnos cuenta de vuestras opiniones en asuntos muy serios, y de vuestra conducta en otros muy graves; de la misma manera que antes de conducir vuestros restos al campo del reposo, la pediremos al mundo de la que hayáis seguido como hombres y como masones.

¡Sentaos! (HH.·.).

Todos se sientan, así como los graduandos.

INTERROGATORIO

M.·. R.·. M.·. - ¿Qué es lo que caracteriza al hombre, H.·. ?

Responde el candidato.

La Razón y el Pensamiento.

M.·. R.·. M.·. - ¿De dónde viene el hombre como ser racional H.·. ?

Respuesta.
De las manos del Creador.

M.·. R.·. M.·. - ¿Cuál es su misión H.·. ?

Respuesta
- Hallar la verdad y proclamarla al Universo.

M.·. R.·. M.·. - ¿Qué opináis acerca del desafío H.·. ?

Responde el interpelado

M∴ R∴ M∴ - ¿ Los Masones jamás aprobamos el desafío, y muy rara vez lo creemos digno de disculpa.

M∴R∴ M∴ - ¿Qué pensáis del suicidio, H∴ ?

Contesta el interpelado

M∴ R∴ M∴ - Para nosotros el suicidio es un acto de locura o de bajeza. En el primer caso es enfermedad; pero el cobarde que se mata porque no puede soportar un sufrimiento moral o físico, no merece llamarse hombre.

M∴R∴ M∴ -¿Qué pensáis de la guerra, H∴ ?

Expone su opinión.

M∴ R∴ M∴ - La guerra es lícita y aun necesaria cuando es el único medio de conseguir, defender o asegurar nuestros derechos.

M∴ R∴ M∴ - ¿Qué opináis acerca de la muerte, H∴ ?

Respuesta (se escucha su opinión)

M∴ R∴ M∴ - Las ideas en materia animada o inanimada, son abstracciones del entendimiento, pues lo que se llama "muerte" es una nueva forma de la vida. Esos fenómenos, que distinguimos con la palabra vida o muerte, son los efectos naturales de las acciones y reacciones de los elementos y nada tienen que ver con el alma. Ella rige al Cuerpo, mas no lo vivifica. El movimiento perpetuo de la composición, que ya nos presenta fenómenos de vida, o ya de muerte, es el resultado de la atracción y del influjo de los imponderables. Si los agentes que nos rodean abran en la materia organizada de un modo adecuado, se da una forma de vida; pero si se aumenta, debilita, o suprime la acción, aquélla se suspende o se engendra otra. ¿Qué será de la Creación? El estado natural del Universo, que como obra de Dios, está sujeta a manifestaciones inmutables, que la perfeccionan sin fin en el mundo orgánico. ¿Y qué se hace de la materia bruta y de la orgánica? También se perpetúa, crece y perfecciona; la generación presente utiliza los descubrimientos de la pasada, los acrisola y aumenta, para que la que sigue los fructifique a su turno, por la ley universal del Progreso. Esa inmortalidad de la vida es el verdadero sentido de la metempsicosis que pocos han logrado comprender, y es la de nuestra perfectibilidad indefinida.

Entendemos por idea, la verdad, y amarla con amor soberano, conquistarla y defenderla con sacrificio absoluto, es nuestra misión. No confundáis la vida transitoria con la inmortalidad del pensamiento, y se trate de perder la una y de ganar la otra, no vaciléis esperad la muerte con filosofía serenidad, con esa serenidad que brilla en el rostro del justo que sucumbe por su ideal. En las facciones de éste queda algo que parece vivir en la muerte, en intimidad constante con la esencia de la inmortalidad la Verdad y la Virtud, ningún poder de la Tierra es bastante a destruir el sello sagrado que guarda en sus facciones.

Esas son la arduas materias acerca de las cuales deseamos saber vuestra opinión... Ahora voy a interrogaros en lo que se refiere a vuestra conducta, como se estuvierais en lo lecho mortuorio. ¿Habéis derramado la sangre de vuestro semejante en desafío o para satisfacer una venganza, H∴?

Hará a todos la pregunta y si alguno lo confiesa le convencerá de su delito. Cerciorado de su arrepentimiento pedirá el agua lustral, y con toda serenidad le purificará. Es un acto muy importante y el que mejores efectos ha producido, corrigiendo a los querellistas. El que no prometiere la enmienda, no se le dará el grado, así como en los casos que siguen:

M∴ R∴ M∴ - ¿Vuestra lengua ha servido alguna vez al perjuicio, la delación o la calumnia, H∴ ...?

Lo mismo preguntará a los otros

M∴ R∴ M∴ - ¿Os animan sentimientos de odio, deseos de venganza o intenciones reprobadas por la probidad o delicadeza, contra una o más personas H∴ ...'

Así que responden, termina el interrogatorio y dice el

M∴ R∴ M∴ - Vamos a proceder a otro género de pruebas, HH∴ ¿Queréis someteros a ellas?

- A su respuesta da un golpe (X) con la cuchara y dice el

M∴ R∴ M∴ - Servios, V∴ H∴ y M∴ Exp∴ conducir al graduando como Aprendiz en su primer viaje, y que lea los letreros de las siete gradas del tercer tramo de la escalera de nuestro Templo y el que se halla en el trono del Mediodía.

La música toca solemnemente. El Exp∴ los dirige con lentitud del Norte al Oriente, partiendo por la izquierda. Al llegar frente al M∴ R∴ M∴ todos hacen el signo de aprendiz, al que aquel contesta, y, siempre al "orden" del primer grado siguen al Mediodía, saludando al H∴ Seg∴ Vig∴ al volver al Norte, al Exp∴ descubre el cuadro: cesa la música frente al trono del Seg∴ Vig∴ , al cual se dirigen directamente, y tocan de Aprendiz. Aquel se levanta, pone el rollo de papel en el pecho del graduando y dice:

Seg∴ Vig∴ - ¿Quién va?

Exp∴ - Es un Ap∴ y Comp∴ M∴ que ha concluido su tiempo y desea iniciarse en el sublime grado de Maestro.

Seg∴ Vig∴ -¿Y como espera conseguirlo?
Exp∴ -Por la palabra de pase.

Seg∴ Vig∴ - ¿ Como podrá darla siendo Compañero?

Exp∴ - Yo la daré por él.

Seg∴ Vig∴ - ¡Dádmela!

El Exp∴ da la oído del Seg∴ Vig∴ la palabra del 3er. Grado.

Seg∴ Vig∴ - Que pase.

> \- Aquel pone entre las columnas al graduando(s), advirtiendo que aunque sean muchos, sólo el que lleva el triángulo será presentado. El H∴ Seg∴ Vig∴ , al verlos en aquel puesto da un martillazo (X) y dice:

Seg∴ Vig∴ – (X) M∴ R∴ M∴ , el primer viaje ha terminado. La palabra es justa y perfecta y he dado mi consentimiento.

M∴ R∴ M∴ - HH∴ , este primer viaje que hicisteis viniendo de Norte como Aprendices, para ir a Oriente, luego al Mediodía y al fin al Occidente, simboliza el que dieron nuestros padres para salir de la ignorancia. Unos tras otros recorrieron el mundo conocido o por conocer, con la mira de estudiar la Naturaleza y comunicarse lo que iban aprendiendo, y fundaron aquellas artes cuyos nombres brillan en tercer tramo de la escalera de nuestro Templo: Gramática, Retórica, Lógica, la Geometría, la Música y la Astronomía, que forman e quatrívium y suman las Siete antorchas de la Maestría. Honremos la memoria de esos sabios a cuyos esfuerzos incesantes se debe lo que sabemos y hoy sin fatiga alguna adquirimos lo que costó a tantos sacrificar hasta la existencia. ¡Pagar esa deuda sagrada! "Enseñad al ignorante", verted el tesoro que vuestros predecesores y maestros os han cedido gratuitamente para que lo gocéis con los demás hombres vuestros hermanos, porque la Verdad es patrimonio universal y la gloria del que la descubre está en ser el primero en proclamarla.

V∴ H∴ y M∴ Exp∴ servios guiar al candidato en el segundo viaje, y hacer que lea los letreros del segundo y primer trono.

La música toca, el Exp.·. los conduce de Mediodía a Oriente, con el signo de "orden" de Compañeros; hacen el saludo al M.·. R.·. M.·. , luego van por el Norte a Occidente y Mediodía saludando a los VVig.·. acabada la vuelta, leen los letreros y se dirigen al trono del Prim.·. Vig.·. en que el Exp.·. los hace llamar como Compañeros, y cesar la música, el Prim.·. Vig.·. deteniéndolo en el rollo dice:

Prim.·. Vig.·. - ¿Quién va?

Exp.·. - Un compañero masón que ha terminado su tiempo y desea iniciarse en el Sublime grado de Maestro.

Prim.·. Vig.·. - ¿Y cómo espera obtener esa gracia?

Exp.·. - Por la palabra de pase.

Prim.·. Vig.·. - ¿Cómo la dará si no la sabe?
Exp.·. - Yo la daré por él.

Prim.·. Vig.·. - ¡Dádmela!

El Exp.·. dice al oído del Prim.·. Vig.·. la palabra de pase del Tercer grado.

Prim.·. Vig.·. - ¡Qué pase!

El Exp.·. pone entre columnas a los candidatos. El H.·. Prim.·. Vig.·. , da un malletazo (X) y dice:

Prim.·. Vig.·. - ¡M.·. R.·. M.·. , el segundo viaje ha concluido! La palabra es justa y perfecta y le concedo del pase a la Maestría.

M.·. R.·. M.·. - ¡Sentaos, VV.·. HH.·. !

- Todos ocupan sus puestos.

M.·. R.·. M.·. - Hicisteis el primer viaje como aprendices y el segundo como compañeros, partiendo del Mediodía para recorrer los cuatro puntos cardinales. Aquel viaje os mostró el deber de persistir en el trabajo, para enseñar a nuestro turno al ignorante; y el último indica los incesantes esfuerzos que tenéis que hacer en Oriente, Occidente, Septentrión y Mediodía, para destruir los abusos de la inteligencia: **"DESENMASCARAR AL HIPÓCRITA Y ABATIR AL AMBICIOSO"**, como leéis en estos dos transportes.

-¡Compañeros, reunios en una falange civilizadora, y si queréis ser maestros, dignos de la Masonería, levantaos contra todos los fementidos, arrancadles la máscara y abatid a los ambiciosos!

V.·. H.·. Exp.·. conducir en su tercer viaje al candidato.

Este le hace dar una vuelta entera, sin ningún signo.

Al llegar frente al M.·. R.·. M.·. , el Exp.·. da nueve golpes, por tres veces tres, con el puño de su espada en el suelo, y aquel se levanta y dice:

M.·. R.·. M.·. - ¿Qué pedís. V.·. H.·. y M.·. Exp.·. ?

Exp.·. - Más luz en Masonería para estos compañeros.

M.·. R.·. M.·. - Para ir a los Campos Elíseos tienen que atravesar el negro Tártaro... Decid HH.·. ¿Queréis morir para el vicio y renacer a la virtud?

Graduandos. – Sí, M.·. R.·. M.·.

M∴ R∴ M∴ - En ese caso saldréis del reino de la ignorancia, de la Hipocresía y de la Ambición; volveréis regenerados a la vida y comprenderéis nuestros misterios; pero antes tenéis que prestar el más solemne de los juramentos.

Da un golpe (X) en el trono y dice el

M∴ R∴ M∴ – (X) V∴ H∴ M∴ de Cer∴ conducidlos al Altar y vosotros VV∴ HH∴ , ¡servios acompañarme!

Todo se ejecuta en forma, haciendo aquel y el M∴ Exp∴ la bóveda de acero. Los graduados ponen sus manos en escuadra sobre la espada del M∴ R∴ M∴ quien les dice:

M∴ R∴ M∴ - Repetid conmigo:
"Yo...................de mi libre y espontánea voluntad, en presencia del G∴ A∴ D∴ U∴ y de esta Respetable Log∴ .... No. .... Juro por mi honor, no revelar jamás los misterios, juro obedecer y hacer obedecer las Constituciones Generales y Estatutos de la Muy Respetable Gran Logia..., así como los Reglamentos, leyes, decretos y disposiciones de esta Respetable Logia .... y las órdenes que recibiere de nuestro Respetable Maestro; juro guardar los Secretos de mis HH∴ como los propios, excepto si intentaren una infamia o matar a alguno a traición, lo que impediré haciéndoles el menor daño posible; ni permitir que ninguno se los haga si cumplen con sus deberes y avisarles del peligro, cualquiera que sea, que les amanece; juro no hablar mal de ningún H∴ ni tolerar que lo haga otra persona en mi presencia; juro servirlos en cuanto mis fuerzas alcancen; juro no intentar deshonrarlos en la persona de sus Madres, Esposas, hijas o hermanas, e impedir que otro las

deshonre; juro amparar a todo Maestro Masón, errante, necesitado o perseguido siempre que por sus vicios no se vea reducido a este estado: ayudándolo en cuanto lo permitan mis medios e influjo, así como socorrer a sus viudas y sus huérfanos. Juro igualmente, acudir a su llamamiento si formula el supremo signo de "SOCORRO", aun cuando tenga que arriesgar mi propia vida y si faltare a estas obligaciones, consiento en que mi cuerpo sea dividido en dos partes, una llevada al Sur y otra al Norte, mis entrañas quemadas y las cenizas arrojadas a los cuatro vientos. ¡Que Dios me libre de tal desgracia!

Todos dicen: ¡Así sea!

M∴ R∴ M∴ - Tomad asiento, VV∴ HH∴
Sube al trono, y así que todos se sientan, dirá el

M∴ R∴ M∴ - ¡Compañeros! Tocáis ya el lugar venerado de la Masonería; os aproximáis al arca misteriosa colocada en el Sancta Sanctorum del Templo, que ninguno debe abrir si no ha abjurado de los vicios y errores, y elevado su espíritu a la alta concepción de nuestros emblemas. Sabéis que el fin de la iniciación primitiva fue el conocimiento de la Naturaleza y de cuanto podía interesar a la felicidad del hombre; mas no tardó en hacerse patrimonio de los privilegiados de la India y el Egipto. Vais como ellos a conocer la ACACIA, y a manejar nuevos instrumentos: instrumentos de perfección si lo usáis con la inteligencia; el celo y la buena fe que os exigimos; instrumentos de iniquidad si abusáis de su empleo, y como nuestros fundadores os armáis de la ciencia para explotar alas masas. Para complemento de vuestros estudios preparatorios, vais a representar la parte más activa de un drama y si meditáis el sentido de la alegórica muerte de l célebre arquitecto del Templo de Jerusalén, hallaréis la antorcha que ha de guiar a la inexperiencia por el camino de la inmortalidad.

(pausa)

Sabed que David, Rey de Israel, quiso levantar un templo al Altísimo. Comenzó a reunir materiales para la obra; más, separándose de la senda de la virtud no logró realizar la empresa. Su hijo Judidiach, o el **Amado de Dios**, conocido después con el nombre de Salomón, o **el Purificado**, y según otros el Pacífico, fue el escogido para llevarla a cabo. Sin artistas, maderos ni metales suficientes, acudió a Hiram II rey de Tiro, iniciado como él de los ministerios de Egipto, para que le proporcionara maestros, cediera los montes del Líbano ricos en cedro y lo auxiliara en lo demás, comprometiéndose a indemnizarle los sacrificios con la cesión de veinte ciudades de Galilea que le entregaría a la conclusión del Templo. En el acto Hiram II le dio lo que pedía, y le envió para que le dirigiera la fábrica a Hiram Abif, hijo de un tirio y de una judía de la tribu de Neftalí, iniciado como ellos en los sublimes misterios de los jefes de la casta sacerdotal y legisladora de Egipto y el más famoso trabajador de metales y arquitecto del mundo, cuyas virtudes y talento no tardó en apreciar el monarca Israelita, dándole la superintendencia de los trabajos.

Hiram Abif organizó la inmensa turba de operarios, dividiéndolos según su capacidad y sus obras, en aprendices, compañeros y maestros y para que ninguno usurpara las prerrogativas y salarios que no le correspondía, se dio con Salomón y el rey de Tiro, signos, tocamientos y palabras respectivamente diversos, porque querían educar al pueblo, haciendo marchar unísonos el trabajo material e intelectual.

Desde entonces se constituyó la Masonería como institución del universal progreso y dejó de ser el monopolio de una minoría dominadora.

Los aprendices se reunían para recibir sus salarios en la columna B, los compañeros en la columna J, los maestros en la de Oriente o la "Cámara del Medio". Los trabajos adelantaban la gran fábrica estaba cerca de terminarse, cuando tres de los compañeros, al verlos tan próximos a su conclusión y ansiando elevarse al codiciado grado de Maestro, que les aseguraba en lo sucesivo y en otros países, la subsistencia, mas del cual su torpeza, su falsedad y carácter envidioso indefinidamente los alejaba, intentaron obtener por la por la fuerza los signos, tocamientos y "Palabra Sagrada". Con este fin sedujeron a nueve compañeros más, que, faltos de constancia y virtud aceptaron el recurso de arrancar el secreto de la boca del maestro Hiram, por el ataque más osado y sangriento. Según la tradición Masónica los tres cabecillas se llamaban Jubelás, Jubelós y Jubelón, quienes personificaban la ¡**IGNORANCIA**, la **HIPOCRESÍA** y la **AMBICIÓN**! ¡Que se guarden de ellos!

Prim∴ Vig∴ - M∴ V∴ H∴ Seg∴ Vig∴ y VV∴ HH∴ que decoráis la columna del Sur: nuestro M∴ R∴ M∴ os advierte que los asesinos que atacaron a nuestro Maestro Hiram fueron la **IGNORANCIA** la **HIPOCRESÍA** y la **AMBICIÓN**. ¡Guardaos de ellos!

Seg∴ Vig∴ - VV∴ HH∴ de la columna del Norte: nuestro M∴ R∴ M∴ os advierte que los asesinos que atacaron Maestro Hiram fueron la **IGNORANCIA** la **HIPOCRESÍA** y la **AMBICIÓN.** ¡Guardaos de ellos!

M∴ R∴ M∴ - El día señalado para el crimen los nueve compañeros seducidos, comprendieron toda iniquidad y se opusieron a la ejecución, amenazando a los tres HH∴ de perversos lo ofrecieron; mas, llegada la hora, acudieron a la cita. Nuestro virtuoso Maestro Hiram, fiel a la costumbre que tenía, despidió a los operarios al trasponer el sol, entró en el Templo, y alzando los brazos hacia el **Sancta Sanctorum**, dirigió al Eterno su ferviente oración.

M∴ R∴ M∴ - (X) ¡En pie y al "orden", VV∴ HH∴!

> Todos lo ejecutan. El M∴ de Cer∴ pone en el centro y en la posición dicha, al que hace de Hiram.

M∴ R∴ M∴- "¡Omnipotente Dios, creador de cuanto existe! ilumina mi entendimiento y da fuerza y voluntad a tus operaciones para que con tu ayuda elevemos a la virtud este Templo, en que se lea tu nombre. Se proclame tu existencia, y tu dignidad reciba los homenajes de todas las criaturas". Sentaos, VV∴ HH∴

> Todos lo ejecutan, menos el Exp∴ el M∴ de Cer∴ y los graduandos. El primero tomará del brazo al que tiene el triángulo, siguiendo en sus movimientos las palabras del M∴ R∴ M∴, de suerte que al llegara a las últimas, tenga asido del cuerpo y haga al iniciante las preguntas a que responderá el Exp∴ El M∴ de Cer∴ seguirá detrás con los otros Comp∴ que no tomarán parte alguna en la ejecución.

M∴ R∴ M∴ - Concluida su oración, el Maestro se dirigió tranquilamente a la puerta del Sur para salir del Templo; mas allí un compañero le aguardaba armado con una regla, y lanzándose a él con voz imperiosa le dijo...

> El H∴ Seg∴ Vig∴ que debe haberse levantado y cogido al graduando por el cuello, dirá al punto sin la menor interrupción, con voz fuerte y amenazándole con la regla que tiene en la mano derecha:

Seg∴ Vig∴ -¡Dadme el signo de Maestro!

Exp∴ - No es posible de esa manera: sólo con el trabajo lo aprenderéis.

Seg∴ Vig∴ - ¡Dadme el tocamiento de Maestro!

Exp∴ - ¡Sólo con el estudio y la virtud podréis obtenerle!

Seg∴ Vig∴ - ¡Dadme la "Palabra Sagrada" de Maestro!

Exp∴ - No puedo darlas sino en presencia de Salomón y de Hiram, rey de Tiro.

Seg∴ Vig∴ - ¿No? ¡Pues muere!

> Y le da con la regla en la garganta, pero sin lastimarle.

M∴ R∴ M∴ - Escapó del golpe mortal dirigido contra su cabeza, inclinándola hacia atrás y le recibió en la garganta.

El Exp.·. lleva la graduando al H.·. Prim.·. Vig.·. quien le aguarda, le coge a su turno, y ejecuta lo que dice el

M.·. R.·. M.·. - Trató de salir por la puerta del Occidente, y allí otro Compañero, armado de una escuadra, se apoderó de él y le dijo:

Prim.·. Vig.·. - ¡Dadme el tocamiento de Maestro!

Exp.·. - No es posible de esa manera, sólo con el trabajo lo aprenderéis.

Prim.·. Vig.·. - ¡Dadme la "Palabra Sagrada" de Maestro!

Exp.·. - No puedo darla sino en presencia de Salomón y de Hiram, rey de Tiro.

Prim.·. Vig.·. - ¿No? ¡Pues muere!

Y le toca ligeramente el pecho con la escuadra, retirándole el Exp.·.

M.·. R.·. M.·. - El grande Hiram salvó la vida desviando el cuerpo, mas quedó bastante lastimado.

El Exp.·. conduce al candidato a la entrada de Oriente, siguiendo las palabras del Jefe que baja a su encuentro con el mazo de goma mientras el M.·. de Cer.·. con los maestros que sean necesarios trae silenciosamente el ataúd, y le disponen para recibir el cuerpo. Todo se prepara y hace con el mayor concierto y silencio.

M∴ R∴ M∴ - Reunió sin embargo las fuerzas que le quedaban, fue a salir por la puerta de Oriente, pero allí hallo otro compañero armado de un mazo de hierro que le esperaba, y asiéndole con fuerza le dijo:

> Le coge del cuello con la mano izquierda y alzando el mazo que tiene en la derecha continúa:

-¡Dadme la "Palabra Sagrada" de Maestro!

Exp∴ - No puedo darla sino en presencia de Salomón y de Hiram, rey de Tiro.

M∴ R∴ M∴ - ¡Dadme la "Palabra Sagrada" de Maestro!

Exp∴ - Os repito que se imposible.

M∴ R∴ M∴ -¡Dadme la "Palabra Sagrada" de Maestro!

Exp∴ - ¡No puedo!

M∴ R∴ M∴ - ¿No? ¡Pues muere!

> Da con el mazo elástico en la frente del graduando, y le empuja, recibiéndole los otros en el ataúd con sus fuerzas combinadas y cubriéndole con el sudario. Todos se sientan.

M∴ R∴ M∴ - ¡Así murió Hiram, nuestro admirable Maestro!

Los tres asesinos se reunieron y pidieron recíprocamente el signo, tocamiento y palabra, y al ver que ninguno los poseía, quedaron absortos y desesperados de un crimen tan inútil y difícil de ocultar por largo tiempo. **(pausa)** Al dar las doce...

> El G.·. T.·. las toca lentamente, mientras el Exp.·. y sus ayudantes colocan el ataúd en Occidente entre el mar de bronce y el trono del H.·. Seg.·. Vig.·. con espacio suficiente para andar alrededor; el Maestro de Ceremonias pone en el pecho del graduado el triángulo que tenía en el brazo; la Oriente; la mano derecha sobre el corazón, el brazo izquierdo a lo largo del cuerpo, con una rama de acacia en la mano, y extendido el sudario de los tobillos a la cintura de manera que los pies, la rama y la cabeza estén descubiertos y que el mandil, que se levantará hasta el labio interior, tape la mano derecha y el triángulo que está sobre el pecho. Luego se sientan.

M.·. R.·. M.·. - ...llevaron el cadáver a una montaña abrieron la fosa, le enterraron. Para reconocer el lugar de sepultura, plantaron una rama de **"Acacia"**. En seguida huyeron por montes y collados, y al llegar la hora de los trabajos, ni el maestro ni los tres compañeros estaban presentes.

Todo quedó en suspenso y se presagiaba una gran desgracia. Los nueve compañeros que se habían arrepentido y opuesto a la empresa de los tres hermanos, así pasó el día sin que volvieran, revelaron a los Jefes sus temores y habiendo instruido a Salomón de lo que pasaba, éste envió a los nueve compañeros a buscar por toda la tierra, con los demás operarios, a Hiram Abif y a los sospechosos. "Si le halláis muerto", les dijo, buscad en el cadáver algún signo que os dé a "conocer la Palabra Sagrada de Maestro, pues sólo tres la sabían, y "no es posible darla, sino por esas tres personas reunidas" y una de ellas era Hiram".

Después de haber recorrido durante cinco días todos los lugares sin resultados, uno de los nueve compañeros que dirigía a los que buscaban a Hiram, penetró de noche en una caverna abierta en la roca cerca de Jopá. ¡Cuánta no fue la sorpresa al oír voces humanas que venían de lo profundo del antro! Eran las de los tres hermanos que relataban mutuamente las particularidades del crimen. Llamó en silencio a los demás, y les oyeron decir que habían enterrado el cuerpo en la montaña del Líbano, y pues una rama de acacia para reconocer el sitio. Jubelás exclamaba con desesperación:

Seg∴ Vig∴ - "Ojalá hubiera sido degollado, mi lengua arrancada de raíz y mi cuerpo arrojado en la arena del mar durante la marea baja atado a un roble de la ribera, para que el flujo y el reflujo que la cubre cada veinticuatro horas, insultara mis restos, antes de haber excitado a mis hermanos al crimen, levantando mi mano contra nuestro Maestro y herido su garganta".

Prim∴ Vig∴ - "¡Y yo, que destrocé su pecho! Yo, infeliz Jubelós! Ojalá me hubieran arrancado primero el corazón, y arrojándolo a los buitres para servirles de pasto, abriendo mi seno por la tetilla izquierda".

M∴ R∴ M∴ - "¡Yo Jubelón, que le he dado el golpe mortal! ¡Yo, miserable de mí! ¡Ojalá mi cuerpo hubiera sido destrozado en dos partes, una lanzada al Sur y otra al Norte, mis entrañas abrasadas y reducidas a cenizas, y éstas arrojadas a los cuatro vientos más bien que oír los negros consejos de la ignorancia, de la hipocresía y de la ambición, que nos ha hecho odiosos a nosotros mismos, y al Universo entero!"

Al punto se precipitaron al fondo de la caverna para aprehenderlos, mas tenía otra salida y los asesinos escaparon. Dieron parte a Salomón, quien, convencido del crimen y de sus perpetradores, pronunció esta sentencia:

M∴ R∴ M∴ - (X) ¡En pie y al "orden", VV∴ HH∴ !

> Todos lo ejecutan

M∴ R∴ M∴ - ¡Que la muerte de Hiram sea vengada y sus tres asesinos castigados con las penas que ellos mismos se impusieron! ¡Que de hoy más, el aprendiz traidor sea como Jubelás lo ha pedido, degollado!

> (Hace el signo de aprendiz)

M∴ R∴ M∴ - ¡Al compañero traidor, como Jubelós , se le arranque el corazón!

> (Hace el signo de compañero)

M∴ R∴ M∴ - Y el maestro traidor como Jubelón, se le divida el cuerpo en dos mitades, una lanzada al Sur y otra al Norte.

> (Hace signo de Maestro)

M∴ R∴ M∴ - Sentaos, VV∴ HH∴

> Todos ocupan sus puestos. (pausa)

M∴ R∴ M∴ - Tal fue el origen de nuestros juramentos y de los signos de saludo que han llegado hasta nosotros. Inmediatamente Salomón envió tres maestros en busca del cadáver del mártir Hiram Abif, recomendándoles atender a los signo, tocamientos y palabras que se hicieran y pronunciaran al descubrir el cuerpo, pues reemplazaría a los perdidos con la muerte del Maestro. Partieron del Mediodía, pasando por el Este hasta el Norte, y en el monte Líbano observaron un lugar en que latiera estaba removida y en ella un ramo de acacia. Era la señal colocada por los asesinos. Midieron el espacio fofo y hallaron que tenía tres, cinco y siete pies en sus varias dimensiones. Quitaron un poco de tierra, y al sentir un cuerpo, retrocedieron para no profanarle, y lo participaron al Jefe. Era el séptimo día de la catástrofe, y para fijar en vuestra memoria los signos, tocamientos y palabras que sirven para reconocernos...(X) ¡En pie y al "Orden" Venerables Hermanos.

M∴ R∴ M∴ - M∴ V∴ H∴ Seg∴ Vig∴ reconoced el sitios con los VV∴ HH∴ de vuestra columna.

El H∴ Seg∴ Vig∴ sale con los HH∴ de su Columna, tocando la música una marcha fúnebre, mientras aquel toma por el Oriente y baja por el Mediodía a Occidente, para llegar donde está colocado el ataúd; los otros se arreglan de un lado. La música cesa y dirigiéndose a sus compañeros, dice el

Seg∴ Vig∴ - ¡Ved la rama de Acacia, VV∴ HH∴ ! ¡Examinemos!

Entonces quita la rama de Acacia, levanta un costado del paño mortuorio, y con su regla mide la excavación y dice:

Seg.·. Vig.·. - Tres pies de Norte a Sur, es la Latitud M.·. R.·. M.·.

> Le vuelve a cubrir con el paño y a poner la rama de Acacia en la mano izquierda, como estaba, dejándole la mano derecha sobre el corazón.

M.·. R.·. M.·. - M.·. V.·. H.·. Prim.·. Vig.·. reconoced la profundidad de la huesa con los VV.·. HH.·. de vuestra columna.

> La música toca. El H.·. Prim.·. Vig.·. sale con los hermanos de su columna, da una vuelta a la Log.·. por el mismo camino que el Seg.·. Vig.·. , se coloca con los suyos del lado opuesto a éste, levanta el sudario, mide con la regla la profundidad, y dice al cesar la música.

Prim.·. Vig.·. - ¡Cinco pies de profundidad, M.·. R.·. M.·. !

M.·. R.·. M.·. - Llegó la hora decisiva. VV.·. HH.·. Vistamos nuestros mandiles y atended a los pasos, signo, tocamientos y palabras que se hagan o digan al descubrir y levantar el cuerpo, porque han de reemplazar a la marcha, signos y tocamientos perdidos, si es el de Hiram, nuestro Maestro!

> El M.·. R.·. M.·. con los HH.·. de Oriente sale mientras toca la música, a los demás graduandos los recoge en el trayecto, y se transporta a Oriente.

El M∴ R∴ M∴ llega con su comitiva al ataúd, por el lado del Mediodía, da una vuelta a su alrededor y se coloca frente a los pies con los compañeros. La música cesa. Arranca la rama de acacia, y después de haberla examinado dice:

M∴ R∴ M∴ - Este fue el orden con el que se procedió; VV∴ HH∴ , al descubrir la fosa de nuestro M∴ R∴ M∴ Hiram Abif. Sirvió de indicio, bien funesto, esta rama de acacia sobre la tierra removida. Sabidas ya la latitud y la profundidad, sólo falta asegurarse de la longitud. Midámosla.

El M∴ R∴ M∴ toma la regla que el M∴ de Cer∴ le presenta, mide el largo, y dice con dolor él

M∴ R∴ M∴ - ¡Siete pies de longitud de Este al Oeste! ¡Tales fueron las medidas, y así debió hallarse el cuerpo!

El M∴ R∴ M∴ quita enteramente el sudario y baja el mandil que cubría el triángulo; el Maestro de Ceremonias le recoge de encima del pecho y lo presenta al M∴ R∴ M∴ , éste lo toma, de un paso atrás y exclama haciendo el "signo de Dolor" en tres partes, con las palabras siguientes en que todos les acompañan y son la traducción de las hebreas: "Adonai Elohai"; (se pronuncian "Adonais Elojais")

M∴ R∴ M∴ - ¡Ay, señor Dios mío! ¡Ay, Señor Dios mío! ¡Ay, señor Dios mío! Esta es indudablemente la fosa y éste también el cuerpo del R∴ M∴ Hiram.- VV∴ HH∴ cumplamos el doloroso deber que Salomón nos impuso y que conmemoramos en esta ceremonia, V∴ H∴ Seg∴ Vig∴ levantadle con el tocamiento de Aprendiz.

> El H∴ Seg∴ Vig∴ se acerca, le coge la
> mano dejando escapar la mano derecha y dice:

Seg∴ Vig∴ — **¡B∴!** ¡La carne se separa del hueso!

M∴ R∴ M∴ — V∴ H∴ 1er. Vig∴, ¡levantadle con el de Compañero!

> H∴ Prim∴ Vig∴ coge la mano
> derecha, le da el tocamiento de Compañero,
> deja escapar la mano y dice:

Prim∴ Vig∴ — **¡J∴!** ¡Nuestro Gran Maestro está podrido hasta los huesos!

> Y se retira a un lado. El M∴ R∴ M∴
> se adelanta y dice:

M∴ R∴ M∴ — ¡M∴! VV∴ HH∴ ¡nada podréis hacer sin mí! ¡Ni la fuerza, ni la sabiduría aprovechan sin el Orden! Juntad vuestros esfuerzos a los míos para lograr dar cima a nuestra empresa.

El M∴ R∴ M∴ le toma la mano derecha con el tocamiento de Maestro, y los HH∴ Prim∴ y Seg∴ Vig∴ cada uno por su lado, ayudan a levantarlo. El M∴ R∴ M∴ forma los cinco puntos de perfección y le da al oído la "Palabra Sagrada", mientras la L∴ se ilumina con profusión y la música toca de un modo triunfal.

M∴ R∴ M∴ — ¡VV∴ HH∴ ver esta postura: es la de los **cinco puntos de perfección**, o cinco vínculos Masónicos que forman el estrecho y cada vez más íntimo enlace que debe reinar entre los Maestros. Se adelanta P∴ contra P∴, para indicar la velocidad con que debemos acudir en nuestro mutuo socorro; R∴ contra R∴, para formar el triángulo inamovible que nos sostiene; una M∴ agarra a la otra M∴ para protegerse hasta el último trance en peligros, enfermedades e infortunios; el P∴ contra el P∴ indica que nuestros corazones deben latir unísonos y guardar inviolables todos los secretos que nos confiamos, en fin la M∴ Izq∴ cubre nuestra espalda para indicar que nos defenderemos presentes ó ausentes, y que jamás consentiremos que ninguno desacredite a nuestros hermanos. ¡Sentaos, VV∴ HH∴!

El Maestro de Ceremonias sienta a los graduandos las columnas, y todos ocupan sus puestos. (Pausa).

M∴ R∴ M∴ — Pronto conoceréis las formas más esenciales en este grado, sus palabras, emblemas y utensilios. Si se os pregunta: "¿Sois Maestro Masón'?' responderéis **"LA ACACIA me es conocida".** Acordaos que una rama de ella sirvió de signo para hallar el cuerpo de nuestro Hiram. Por su verdor eterno se toma la **ACACIA** como emblema de la inmortalidad, la más bella de las aspiraciones del hombre. Esa inmortalidad la conseguiréis descubriendo, estudiando, desarrollando y sosteniendo los principios de la civilización humana. Sí no lo hacéis así jamás seréis dignos de llamaros maestros. Recordad las respuestas de Hiram a los que pretendían el título por la fuerza, sin comprender que es irrisorio en lo que no lo merecen: "Sólo con el tiempo, la Virtud y el trabajo lo obtendréis". Tampoco olvidéis que sin orden la ciencia y la fuerza son infructuosas, y que solo por su misión civilizaréis al Universo. Por eso el H.·. Prim.·. y Seg.·. Vig.·., que representan las dos últimas, fueron impotentes a levantaros hasta que el Jefe, que simboliza el Orden, reunió con ellos sus esfuerzos combinados.

¿Qué significan vuestra muerte y resurrección? Que la Verdad, la Idea, renace como el Fénix, de las cenizas de la hoguera en que pretenden destruirla sus enemigos. Al masón que combate por ella, la muerte misma le hallará sereno, por que sabe que es divina, y que se alzara de la tumba mas resplandeciente y acrisolada con la sangre del martirio, como lo manifiesta el cuadro brillante que reasume el secreto de la maestría.

De la fosa de Hiram sale el ramo de **ACACIA**, y sobre sus flores veis fulgurando ese Fénix, ese sol que nos ilumina, que en apariencia muere, y sin cesar revive más espléndido y majestuoso. Sí, VV.·. HH.·. nuestra forma material desaparecería algún día, pero nunca nuestra idea, y por un Hiram que cae, ¡mil hijos de la viuda se levantan! La vida y la muerte son estados transitorios de la materia, y lo que amedrenta en la última, son los sufrimientos que en ocasiones Ia preceden. Los ignorantes, los ateos, los malvados, son los que la temen; los primeros, porque no saben lo que es; los segundos, porque creen volver a la nada y dejar de gozar; los últimos, porque tiemblan ante la justicia de Dios. ¡Comprended la grandeza de vuestra misión y la necesidad de vuestra depuración constante, y ningún poder será capaz de paralizar vuestros esfuerzos! Que este cráneo, estas lúgubres pinturas que os rodean, esos espectros que os amenazan, sólo os recuerden lo transitorio de la forma de la materia, y la inmortalidad del pensamiento; que habéis nacido para morir, y moriréis para siempre si no vivís para los otros, sino cultiváis vuestra razón y enseñáis al ignorante, desenmascaráis al hipócrita y abatís al ambicioso! En dos palabras: haréis de la carne el sepulcro del entendimiento. Personificando esa abnegación que se exige a los redentores de la humanidad consumando la iniciación, para que fuere perfecta, con el sacrificio del Maestro. A Iaco le matan los titanes; Prometeo es herido en el Cáucaso con los rayos de Júpiter, por haber comunicado al hombre el fuego celestial. Pero en vano un buitre le roe el corazón, este se reproduce a cada instante, en vano los envidiosos Cabiras asesinan al más joven de los hermanos, cuya muerte se deploraba en los misterios de Samotracia; en vano Chiyen decapita a Vinaguyen en los misterios de la India; en vano tres compañeros destruyen a Hiram; en vano los fariseos clavan en la cruz al Redentor del Mundo: resucita al tercer día, porque todos renacen a la manera del sol; personifican la Idea, y tal es la Gran Cruz de la Maestría.

Si meditáis acerca de la Historia de Hiram, comprenderéis que es la alegoría de la marcha del Sol en los signos inferiores, durante los tres meses que corren después del equinoccio de su muerte aparente en el Solsticio del Invierno; los tres meses sucesivos simbolizan a los Maestros que procuran levantarle y no lo consiguen hasta que emplean sus esfuerzos combinados, o sea al llegar la primavera.

Se nos ha perseguido porque enseñamos la Verdad, y nuestros padres acosados como bestias feroces, huyeron de la faz de la tierra. ¡La "Palabra Sagrada"! se perdió; ¡la inteligencia, el Verbo, el Logos de Platón, fue ahogado! Los verdaderos patriotas la pidieron inútilmente a las escuelas, a los templos y a los palacios. En las primeras regía la presuntuosa ignorancia, la falsa ciencia de los teólogos; en el segundo la hipocresía, y en los últimos la Ambición. Desesperados de hallarlo bajaron a llorar su impotencia en los sepulcros; allí oyeron a los filósofos proscritos, a los verdaderos sabios y masones; e instruidos a su vez comprendieron la causa de la decadencia y el modo de salvar al linaje humano. limitad a esos patriotas, y una mano sostenida a otra, un pie apoyando a otro pie, una rodilla a otra rodilla, un hombro a otro, y un corazón enérgico latiendo unísono al de vuestro hermano, sed los adalides de la Verdad. ¡Sacadla de las catacumbas que la encierran y proclamadla!

V.·. H.·. M.·. de C.·., servios acompañar al neófito al trono.

Lo hace y le da todas las instrucciones
del grado, inclusas las palabras de pase y los
signos de orden, de miseria y de socorro.

M.·. R.·. M.·. - Este signo de socorro no lo haréis sino cuando os halléis en peligro extremo diciendo, sino podéis ser visto, y en la lengua del país: "Elai bene al manah". (Se pronuncia *"Eláis bene almana"*). El masón que es Maestro debe acudir en el acto al llamamiento sin demora y auxiliar con todo su poder al que lo haga.

Finalmente, notaréis que en la Logia de

Aprendiz se colocan en el altar de los juramentos los brazos del compás, debajo de las ramas de la escuadra; en la de Compañero una de estas está debajo; en la del Maestro las dos encima porque el primer instrumento simboliza el Cielo y al regulador, el segundo a la Tierra o a la cosa regulada, marcando aquella colocación el orden de nuestros estudios.

La marcha del Maestro figura la del Sol desde el equinoccio de otoño, en que parece precipitarse de escollo en escollo, hasta el término de su carrera (La enseña) vuestra instrucción es completa, carísimo hermano; habéis cargado vuestra cabeza con el peso de la verdad y obrero sin salario material, os habéis voluntariamente condenado a luchar y sufrir durante el resto de vuestra vida. La asociación humana es una inmensa escuela mutua; vais a ser uno de sus maestros, y como ésta quiere ser merecida, debemos, para poseerla, imitar a Job, y la adquiriremos a fuerza de talento y de constancia.

V∴ H∴ M∴ de C∴ llevad a los graduandos al V∴ H∴ Prim∴ Vig∴ para que los examine.

Prim∴ Vig∴ -- Todo está Justo y perfecto M∴ R∴ M∴

M∴ R∴ M∴ — V∴ H∴, dispuesto que por la marcha del grado, sean conducidos los graduandos de vuestra columna al altar. - VV∴ HH∴ venid a solemnizar la colocación del grado.

El Prim∴ Vig∴ con el M∴ de Cer∴ lleva a los primeros calculando la distancia, para que al concluir los tres pasos de la marcha de Maestro, le estén tocando. El Jefe baja del trono, y mostrándoles la cuchara les dice:

M∴ R∴ M∴ — Esta cuchara se emplea en la fábrica del Templo de Salomón para allanar, pulir y perfeccionar los trabajos. Nosotros, Masones libres, la conservamos en la Maestría, porque hacemos uso de ella simbólicamente en el noble ejercicio con prudencia los defectos de nuestros hermanos.

V∴ H∴ Prim∴ Vig∴, ceñidles el mandil del grado, y vos V∴ H∴ Seg∴ Vig∴, ponedles la banda azul con las siete estrellas de oro, que nos caracterizan, por ser dicho color emblema del celo fraternal con que nos protegemos, como el del firmamento al del mundo animado, y aquéllas del poder que adquirimos con las artes del trívium y del quatrívium para vencer las tinieblas de la ignorancia, como los siete astros a las de la noche.

Se ejecuta lo dispuesto. Luego el M∴ de Cer∴ a la izquierda y el Experto a la derecha de los iniciados, hacen la bóveda con las espadas, el Jefe que está entre los vigilantes, levanta su espada sobre la cabeza de los iniciados y luego dice:

M∴ R∴ M∴ - A la G∴A∴D∴U∴, os creo, nombro y constituyo Maestro Masón y miembro activo de esta Cámara del Medio, de la Resp∴ Log∴ .... a vos. Ven∴ M∴ ....

> *Da nueve golpes por tres veces tres, en la espada con la cuchara diciendo en cada golpe: (X) Libertad, (X) Igualdad, (X) Fraternidad, (X) Ciencia, (X) Virtud, (X) Tolerancia, (X) Trabajo, (X) Prudencia y (X) Filantropía. Sube al trono, manda sentarse, hace proclamar a los candidatos, se aplaude la iniciación, el orador lee su plancha y se le congratula.*

CATECISMO DEL MAESTRO

M∴ R∴ M∴ - ¿Sois Maestro V∴ H∴ Prim∴ Vig∴?

Prim∴ Vig∴ -- La Acacia me es conocida.

M∴ R∴ M∴ — ¿Dónde la conocisteis?

Prim∴ Vig∴ — En la fosa de nuestro Ven.». Maestro Hiram.

M∴ R∴ M∴ — ¿Qué más hallasteis en ella?

Prim∴ Vig∴ — Un triángulo de oro purísimo con el nombre de Dios.

M∴ R∴ M∴ — ¿Qué simboliza la Acacia?

Prim∴ Vig∴ — La inmortalidad, por su verdor eterno.

M∴ R∴ M∴ — ¿Y el triángulo de oro?

Prim.·. Vig.·. — La necesidad de que el Orden representado por uno de sus lados, enlace la Fuerza y la Inteligencia, de que son imágenes los otros, para alcanzar aquella inmortalidad.

M.·. R.·. M.·. — ¿De quiénes son alegóricos, Hiram II, Salomón e Hiram Abif?

Prim.·. Vig.·. . — De las mismas ideas morales: el primero figura al pueblo industrioso que, hijo de la Fenicia, poseía la Fuerza y los recursos materiales de las artes y el comercio; el segundo reasume la casta sacerdotal que en la India, el Egipto, la Caldea e Israel dominaban por la Inteligencia, y era el foco de la Sabiduría, de aquellas edades, y el tercero simboliza el Orden que hace marchar de consumo el progreso material y el mental; uniéndolos como vínculo de la Virtud, y ésta, dándonos aquella abnegación sublime que nos eleva al Gran Arquitecto del Universo, nos hará irresistibles y nos conquistará la inmortalidad.

M.·. R.·. M.·. — ¿Cuál es el secreto de la Maestría?

Prim.·. Vig.·. — Probar que la materia y la inteligencia suma que la rige, son las únicas cosas eternas, y que lo es nuestro pensamiento, o la IDEA, por ser destello la última; que la Creación o el cambio de la forma en el estado natural del Universo, lo que la clasificación de cuerpos en orgánicos e inorgánicos y las palabras de vida o muerte no constituyen una verdad científica, sino un criterio artificio para explicar los fenómenos que hieren nuestros sentidos, y así, sacrificar la forma material en defensa de la idea o de la honra, la dignidad, la verdad o el progreso, no es morir sino inmortalizarse.

M∴ R∴ M∴ —Fuera del sentido moral de la Maestría. ¿No hay otro en la leyenda de Hiram?

Prim∴ Vig∴ — Hay el astronómico, pues nuestros antepasados expresaban con símbolos los fenómenos de la Naturaleza y las ideas morales que de ellas derivan. Hiram Abif es el Sol (Abif, padre; Hiram, elevado) y los doce compañeros son los meses del año, de los cuatro tres de Otoño se conjuran para destruirle y hasta que los tres de Invierno no reúnen su influjo, no vuelve a culminar en la Primavera.

M∴ R∴ M∴ — ¿Si un M∴ se perdiere dónde le hallaríamos?

Prim∴ Vig∴ — Entre la Escuadra y el Compás, es decir, entre la Tierra que aquella simboliza como regulada, y en el Cielo que el otro representa como regulador; porque el digno y verdadero Maestro domina las perfecciones materiales y se remonta a su origen celeste.

M∴ R∴ M∴ — ¿Qué hicieron los maestros para reconocerse, después de la muerte de Hiram?

Prim∴ Vig∴ — Convinieron en la primera palabra que se pronunciase y el primer signo que se hiciese en el momento de descubrir el cadáver, sustituyeran a los perdidos.

M∴ R∴ M∴ — ¿Qué significa la palabra de pase?

Prim∴ Vig∴ — Recuerda a Vulcano, nombre que se alteró en Israel y fue el que tuvo la idea de trabajar el hierro, y enseñó a los demás a extraer los metales y aplicarlos a los usos de la vida.

M.·. R.·. M.·. — ¿Qué debe hacer un Maestro, si se halla en peligro de perder la existencia?

Prim.·. Vig.·. — El **Signo de Socorro**: con las palabras, si es de noche o aquel no puede hacerse.

M.·. R.·. M.·. — ¿Y no hay otro de **miseria** en el rito de York?

Prim.·. Vig.·. - Sí, M.·. R.·. M.·.

M.·. R.·. M.·. — Levantaos y hacer ambos. — **(Da los signos.)**

M.·. R.·. M.·. — ¿Por qué se da al grado el nombre de Maestro?

Prim.·. Vig.·. — Porque establece la enseña mutua.

M.·. R.·. M.·. — ¿Qué conocimientos deben tener los Maestros?

Prim.·. Vig.·. — Los de las siete artes, cuyos nombres están inscritos en las gradas del tercer tramo de la escala de nuestro Templo, a saber: *Gramática, Retórica, Lógica, Aritmética, Geometría; Música y Astronomía*; de éstas, las tres primeras constituyen el trívium y las cuatro últimas e! quatrívium.

M.·. R.·. M.·. — ¿Cuáles son los instrumentos que manejan?

Prim.·. Vig.·. — Todos: porque trabajan, enseñan y dirigen a los demás, conservando la cuchara en nuestras manos para que, así como el albañil la emplea en el pulimento de sus obras materiales, corrigiendo las desigualdades que las forman, nosotros la usamos moralmente en perfeccionar la instrucción, corregir y encubrir los defectos de nuestros hermanos.

M∴ R∴ M∴ —- ¿Por qué visten los Maestros de oro y azul?

Prim∴ Vig∴ — Porque aquel representa el Poder y éste la sabiduría; dones que concedió a Salomón el G∴ A∴ D∴ U∴

M∴ R∴ M∴ — ¿Cómo se saludan los Maestros?

Prim:-. Vig∴ — Por tres veces tres, en memoria de los nueve compañeros que fueron en busca de Hiram.

M∴ R∴ M∴ — ¿Cuántas preguntas se hacen para abrir ó cerrar la Log∴ de MM∴?

Prim∴ Vig∴ — Siete, dirigidas alternadamente a los HH∴ Vig∴

Da un golpe en el trono con el mango de la cuchara, (X) y pasa a la clausura de los trabajos.

CLAUSURA DE LOS TRABAJOS

M∴ R∴ M∴ - ¿Qué edad tenéis, V∴ H∴ Prim∴ Vig∴?

Prim∴ Vig∴ — Siete años, M∴ R∴ M∴

M∴ R∴ M∴ — ¿Por qué esa edad, V∴ H,-. Seg∴ Vig∴.

Seg∴ Vig∴ — Porque expresan las artes del trívium y quatrívium, que debo poseer al subir al último tramo de la escalera de nuestro Tem∴ y era el número de años que contaba su fábrica a la muerte de Hiram.

M∴ R∴ M∴ — ¿Y qué habéis aprendido durante ellos, V∴ H∴ Prim∴ Vig∴?

Prim∴ Vig∴ — A morir por la idea para alcanzar la inmortalidad.

M∴ R∴ M∴ — ¿Por qué se dice que Dios hizo al hombre a su imagen y semejanza, V∴ H∴ Seg∴ Vig∴?

Seg∴ Vig∴ — Por la razón que le ha dotado, y que es un destello de la suya.

M∴ R∴ M∴ — ¿A qué debe aspirar el verdadero M∴ R∴ M∴,V∴ H∴ Prim... Vig∴?

Prim∴ Vig∴ — A hacerse digno por la Ciencia y la Virtud, de volver al seno de su Creador.

M∴ R∴ M∴ — ¿A qué hora mandó Salomón a los Maestros cerrar sus trabajos, V∴ H∴ Seg∴ Vig∴?

Seg∴ Vig∴ — A Media noche.

M∴ R∴ M∴ - ¿Qué hora es, V∴ H∴ Prim∴ Vig∴?

Prim∴ Vig∴ — Media noche en punto.

M∴ R∴ M∴ - ¡Servios VV∴ HH∴ Prim∴ y Seg∴ VVig∴ pedir a los VV∴ HH∴ que decoran vuestras columnas respectivas, como yo a los de Or∴, nos ayuden a cerrar los trabajos de esta Tercera Cámara Simbólica, por los golpes y signos misteriosos!

Prim∴ Vig∴ - ¡V∴ H∴ Seg∴ Vig∴ y VV∴ HH... de la columna del Sur, nuestro M∴ R∴ M∴ nos pide que nos ayudéis a cerrar los trabajos por los golpes y signos misteriosos!

Seg∴ Vig∴ — VV∴ HH∴ de mi Columna, nuestro M∴ R∴ M∴ por conducto de nuestro H∴ Prim∴ Vig∴ nos invita a que lo ayudemos a cerrar los trabajos.

Seg∴ Vig∴ — Anunciado V∴ H∴ Prim∴ Vig∴ (X).

Prim∴ Vig∴ — Anunciado, M∴ R∴ M∴ (X)

M∴ R∴ M∴ - (X) (X) (X) A mí, ¡HH∴!
Por el signo.

El y todos hacen el saludo de los Maestros.

M∴ R∴ M∴ — ¡Por la batería!

Las dan con las exclamaciones de uso.

M∴ R∴ M∴ — ¡Los trabajos de Maestro están cerrados!

> *Vueltos a su actividad los trabajos de Compañero, por un solo golpe, se cierran por los del grado y los signos misteriosos.*
>
> En seguida se torna a los de Aprendiz por un golpe y dice el

V∴ M∴ - ¡Sentaos, HH∴!

> Lo ejecutan y en seguida se despachan los negocios pendientes, se concede la palabra por el bien general de la Orden y el particular de la Logia, se circula el Saco de Beneficencia, se dan las gracias a los HH∴ Visitadores y se cierran los trabajos como se expuso en la Lit∴ de Aprendiz.

Las '"Líneas" de los Cuerpos que practiquen estos rituales deben procurar decir de memoria la parte que a cada uno corresponda; pero si tiene que leer durante la ceremonia, deberán hacerlo con voz clara, grave y pausada, y en todo caso, toda la escena de la iniciación, desde el momento de bajar el M∴ R∴ M∴ de su trono armado del mazo, hasta el momento en que se muestran los cinco PP∴ de Perf∴, debe ser dicha sin leer y en la forma más solemne. El V∴ H∴ M∴ de Ceremonias y sus auxiliares deben conocer la ceremonia de una manera perfecta.

Debe procurarse evitar toda conversación y cuchicheos, así como el hacer el ruido más leve que quite la solemnidad y circunspección a los concurrentes.